火天大有

오징어 게임을 연상시키는
화천대유 공방의 본질은
NL제(민족자주, 통일)와
PD제(민중민주, 계급투쟁)의
내부 권력투쟁 과정임을 간파하며 깨달은
"존재의 이유"를

에 정리하다.

저자의 측근 또는 꼴복
김영희 약학 박사
　　仁山 생명과학연구소대소장
　　전화 010-5299-5313
　　E-mail : sutra5678@gmail.com
영문번역 예정자 DANLEL KISTER 서강대 교수
일어번역 예정자 우에다(上田) 카톨릭대 교수

1. 건위천 ䷀ 乾爲天

EVERYTHING IS REALLY OKAY
BECAUSE WE ARE ALL
INVOLVED IN THIS
INCREDIBLE COSMIC DANCE!

2. 곤위지 坤爲地

3. 수뢰둔 ䷂ 水雷屯

한 줄로 전할 수 있는 메시지를
한 권의 책으로 늘리는 것은
소설가의 재능이고

소설가의 장광설을
한 편의 시로 압축하는 것은
시인의 예지이다.

4. 산수몽 山水蒙

5. 수천수 ䷄ 水天需

나는 여기서
일상을 관통하는 평범한 진리를
간단한 수식으로 증명한 후

화천대유 공방이
우리 삶에 주는 의미를
규명해 보려 한다.

6. 천수송 天水訟

7. 지수사 ䷆ 地水師

천부경은
일시무시 (一始無始)로 시작하여
일종무종 (一終無終)으로 끝난다.

즉 1 = 0 이라는 뜻이다.

8. 수지비 ䷇ 水地比

9. 풍천소축 ䷈ 風天小畜

방대한 화엄경을
한 페이지(210字)에 압축한
의상조사의 법성계는
일즉일체 다즉일 (一卽一切 多卽一)
일미진중 함시방 (一微塵中 舍十方)

즉 1 = ∞ 이란 뜻이다.

10. 천택리 ䷉ 天澤履

11. 지천태 ䷊ 地天泰

그렇다면

1 = 0 이기도 하고

1 = ∞ 이기도 하단 뜻인가?

즉 1 = 0 = ∞ 의 등식이 성립하는가?

12. 천지비 天地否

13. 천화동인 ䷌ 天火同人

수학에서

$$\frac{1}{\infty} = 0 \text{ 이고}$$

$$n \times 0 = 0 \text{ 이다.}$$

여기서

$$\frac{1}{\infty} = 0 \text{ 의 양변에}$$

∞ 를 곱하면

$$1 = 0 \times \infty \text{ 즉}$$

$$1 = 0 \text{ 의 등식이 유도된다.}$$

14. 화천대유 火天大有

15. 지산겸 ䷎ 地山謙

또 $\dfrac{1}{\infty} = 0$ 의 양변에

∞^2 를 곱하면

$\infty = 0 \times \infty^2$ 즉

$\infty = 0$ 의 등식이 유도된다.

그래서

1 = 0 = ∞ 의 등식이
성립되는 것이다.

16. 뇌지예 ䷏ 雷地豫

17. 택뢰수 ䷐ 澤雷隨

현실에 적용해 보면
이 세상 돈을 전부
내가 차지하면
돈의 유통이 정지되어
돈의 가치가 사라져 버린다.
즉 나는 무일푼과 같아진다.

$\infty = 0$ 인 것이다.

19. 지택림 ䷒ 地澤臨

무한 속도로 움직이는 한 개의 입자는
무한 속도로 되돌아오기 때문에
항상 그 자리에 있는 것과 같다. (1)
또한 무한 속도로 이탈하기 때문에
항상 그 자리에 없는 것과도 같다. (0)

즉 1 = 0 인 것이다.

21. 수뢰서합 ䷔ 水雷噬嗑

신은 어디에도 계시기 때문에 (∞)

신은 아무데도 없는 것과 같다 (0)

즉 ∞ = 0 인 것이다.

23. 산지박 ䷖ 山地剝

세포 하나하나가
몸 전체 유전자 설계도를
공유하고 있듯이

우주의 각 개체는
우주 전체 설계도를 공유하면서
동시 다발적으로
정보를 교환하고 있다.

우주전체가
하나의 유기체인 것이다.

즉 ∞ =1인 것이다.

25. 천뢰무망 天雷无妄

기독교에서는

성부, 성자, 성신,

삼위가 일체라 한다

성부는 모든 수의 궁극인 0 이라

볼 수 있고

성자는 수의 시작인 1 이라 볼 수 있고

전지전능 영구불변의 성신은

∞ 로 볼 수 있다.

즉 0 과 1 과 ∞ 가 일체이니

$0 = 1 = \infty$ 인 것이다.

27. 산뢰이 ䷚ 山雷頤

석가모니는 무념, 무상으로 대각을 이루어
적멸보궁에 드셨다.
폭우, 폭설, 혹한, 혹서,
암벽등반 아가씨들이 조롱조롱 매달려
손으로 꼬집고 가슴으로 간지럽혀도
미동도 하지 않는
인수봉 바위!

무념, 무상의 경지에서
석가모니도 족탈불급이다.
인왕산 바위도 대각을 이루었을까?

진정한 깨달음은
깨달음이 없는 것과 같다,
즉 $\infty = 0$ 인 것이다.

29. 감위수 坎爲水

태초 창조주가 홀로 존재하다가
적멸보궁 같은 적적함이 지루해
자신을 해체하여
만물로 화한 것이 빅뱅이다.
즉 1이 ∞가 된 것이다.

31. 택산함 ䷞ 澤山咸

다시 현실로 돌아오면
하느님이 자신을 해체하여
만물로 화(化) 했으니
나는 하느님의
한 조각임이 확실하다.

33. 천산둔 ䷠ 天山遯

진정한 깨달음은
깨달음이 없는 것과 같다면
아무 깨달음이 없는
나도 진정한 깨달음을 얻는 것과
동격이라 볼 수 있다.

34. 그대라면 좋겠어　雷天大壯

35. 화지진 ䷢ 火地晉

내가 하느님의 분신이고
부처님 깨달음과 동격이라면
"나는 어떻게 살아야 할까?" 라는 고민은
무의미 하다.

"나는 어떻게 살고 싶은가?"에 솔직하면
모든 게 명료해진다.

그것이 하느님이 태초에
만물로 화(化)한 초심이기 때문이다.

39. 수산건 ䷦ 水山蹇

하느님이
시작도 끝도 없이 홀로 존재하는
막막함을 타파하기 위해
자신을 분해하여 만물로 화(化) 하였다면
하느님의 분신인 만물의 존재 이유는
분명해진다.

무료함의 타파가 창조의 이유이고
피조물의 존재 이유인 것이다.

41. 산택손 ䷨ 山澤損

무료함 타파의 적극적 행위가
재미 추구다.
피조물의 각 개체가 누리는
재미의 총화를
전체인 하느님이 향유 하는 것이다.

42. 풍뢰익 風雷益

43. 택천쾌 ䷪ 澤天夬

재미를 추구하는

각 개체는

오래 존재해야 재미도 많이 볼 수 있다.

오래 존재 하려는 각 개체의 노력이

개체의 진화를 이루기 때문에

창조 후 진화로서

창조론과 진화론은 상충되지 않는다.

45. 택지췌 ䷬ 澤地萃

다시 현실을 보면
화천대유의 실체적 진실을 밝히라는
문 대통령의 말을 거꾸로 해석한
이준석은
가능성 제로인 특검을 하자고
헛발질하고 있다.

47. 택수곤 ䷜ 澤水困

여론에 떠밀려 마지못해
검·경이 수사 하는 척 한다고 한다.

공수처 법을 막으려고
광화문에 수십만 인파가 모이고
야당대표 황교안이 목숨을 건
단식 투쟁을 해도
콧방귀 끼며 공수처 법 통과시킨
집권세력이 여론에 떠밀려 수사한다?

삶은 소대가리가 웃을 일이다.

49. 택화혁 ䷰ 澤火革

이재명은 문준용 특채의혹으로
무-니에게 초식을 날렸고
NL계는 선거법 위반이란 살수로
이재명에 대응했다.
구사일생으로 살아난 이재명이
경기 동부를 거점으로
중원공략에 나섰으나
후환이 두려운 NL계에 의해
대장동 골짜기에 떨어진 것이 현 상황이다.

모든 시합은 관전 포인트가
정확해야 재미가 배가 되는 것이다.

궁극적 깨달음을 얻어
존재의 근원인 본원자성에 복귀되면
무념, 무상의 적멸고독에 처하게 되고
그 적적함을 타파하기 위해
다시 지엽말단으로 진출하는 것이
우주만물의 순환양태다.

모든 과정을 오토메틱으로 설정해 놓고
하느님은 관리자의 역할이 지겨워
처음부터 시스템 속으로 들어온 것이다.

52. 고차심사 ䷳ 간위산

53. 풍산점 ䷴ 風山漸

주역 64괘의 63번째 괘가 기제(旣濟),
즉 결재가 끝났다는 뜻이고
마지막 64번째 괘가 미제(未濟),
즉 아직 미결 상태란 것이다.

끝이 시작이고
완성 다음에 미완성인 것이다.
결론과 동시에 문제가 생기고
답변 후 또 다른 질문이 나온다.

이런 나선형 순환의 과정에
재미가 생성되는 것이다.

생성된 재미의 총화를 하느님이 향유하는 것이다.

54. 뇌택귀매 ䷵ 雷澤歸妹

55. 뇌화풍 雷火豊

인간 사회의
정치, 경제, 학문, 예술...
모든 분야가
남을 재미있게 해주고
나도 재미 보려는
자리이타(自利利他)의
선순환 구조 이듯이
우주만물의 존재 양태도 이와 같고
이것이 태초에 하느님이
자신을 해체하여 만물로 화한
창조의 이유이자
만물의 존재 이유인 것이다.

57. 손위풍 ䷸ 巽爲風

죽음이 확실히 보장되었기 때문에
삶이 스릴있고 애착이 가는 것이다

절대 죽지 않는 신은
절대 무료하기 때문에
스스로 불멸을 포기한 것이다.

59. 풍수환 ䷺ 風水渙

신의 분신으로서의 만물,
그 중 하나인 인간은
재미 좀 보기 위해
육신의 쾌락도 추구하지만
정신적 희열도 갈구하여
공부도 하고 수행도 하며
깨달음을 얻으려 한다.

그러나 내가 이미 다 갖추고 있는 것을
다른데서 구해봐야 더 얻을게 없다.
지금 여기서 재밋거리를 찾는 것이
실속 있는 삶이다.

水灣楄　尾尾ヶ '09

61. 풍택중부 ䷼ 風澤中孚

더 이상 얻을게 없으면
하산(下山)하고
더 이상 줄게 없어도
퇴산(退山)한다.

학생은 교실을 떠나고
선생도 교단을 내려오니
교실이 텅 비는 구나!

이 간단한 책도 끝나는 구나!

그러나
산 아래 시장 바닥은
여전히 시끌벅쩍하구나!

62. 뇌산소과 ䷽ 雷山小過

63. 수화기제 ䷾ 水火旣濟

C'est la Vie!
C'est si Bon!

이런 인생
살아줄 만 하지 않은가?